Ilona Steinert

Tu es für dich

**Aussöhnung öffnet dich
für neue, positive Lebenserfahrungen**

© 2019 Ilona Steinert
DE-79104 Freiburg

www.ilona-steinert.de

Verlag und Druck: tredition GmbH,
Halenreie 40-44, 22359 Hamburg

ISBN Paperback: 978-3-7497-3850-2
ISBN E-Book: 978-3-7497-4146-5

Inhalt

Dein schneller Einstieg

Hast du als Kind auch so gerne mit den Farben im Tuschkasten geschmiert?

Weißt du noch was passierte, als du schwarze und weiße Farbe vermischt hast - Es entstand graue Farbe. Wenn du dann noch etwas Rot, Grün, Blau und Gelb dazugabst, dann bekamst du ein komisches graubraunes Schlammgemisch.

Ähnlich wie in deinem alten Tuschkasten sieht es bei vielen von uns in unserem Inneren aus.

Seit frühester Kindheit sammeln wir tagtäglich unzählige Eindrücke, Gefühle, Erfahrungen verschiedenster Art - schöne und weniger schöne. Wir können uns dessen gar nicht erwehren. Alles wird gespeichert, ob wir wollen oder nicht.

Das was wir am liebsten ganz schnell vergessen möchten, die unangenehmen, schrecklichen Dinge, die uns passieren, landen genauso in unserem inneren Tuschkasten wie das Hochgefühl über das bestandene Abitur, der Stolz über das erste Auto, das unbeschreibliche Gefühl der ersten Liebe oder den neuen Arbeitsplatz.

Und wie sich im Tuschkasten die Farben zu einem unschönen Schlamm, vermischen sich in uns die schönsten mit den schlimmsten Erinnerungen zu einem undefinierbaren ICH.

Das Graubraun-Schlammgemisch unseres Lebens macht es uns oft richtig schwer mit uns selbst, anderen Menschen oder Schicksalsschlägen umzugehen.

Hinzu kommt dann noch die eigenartige Tatsache, dass sich negative Erinnerungen stärker einprägen, länger anhalten und schneller abrufbar sind. So kann es dir mit der Zeit vorkommen, als wärest du dein ganzes Leben in eine falsche Richtung gelaufen oder du und das Erreichte sind gar wertlos.

Nur ganz wenige Menschen leben ihr Leben in Dankbarkeit, sind also wirklich glücklich. Obwohl wir jeden Tag viele Geschenke erhalten lassen wir es zu, dass die wenigen Augenblicke in denen wir aufrichtige Dankbarkeit spüren, meist von Beschwerden, Enttäuschungen, Sorge und Frustration überschattet werden.

Anscheinend können wir erst dann etwas wirklich schätzen, wenn es nicht mehr da ist oder wir es nicht mehr erreichen können. Ist die Gelegenheit verpasst, dankbar zu sein, haben wir schon wieder einen Grund, enttäuscht zu sein.

Darüber hinaus neigen wir dazu, uns auf das zu konzentrieren was wir uns wünschen und leiden schrecklich wenn wir es nicht bekommen. Was wir tatsächlich erhalten, übersehen wir geflissentlich. Da gilt es also genauer hinzuschauen. Tausend Kleinigkeiten gibt es täglich für die wir dankbar sein könnten, würden wir nur lernen sie als dankenswürdige Dinge zu erkennen. Stattdessen finden wir in allen Lebensbereichen immer wieder Gründe, nicht dankbar sein zu müssen. Ich bin viele Jahre meines Lebens regelmäßig mit der Bundesbahn zwischen Nord- und Süddeutschland hin und her gefahren. Während ich in den ersten Jahren die Zeit genoss und ein geliebtes Buch las, ärgerte ich mich später grün und blau über die überfüllten Waggons, die zugigen Bahnhöfe und die Verspätungen.

Manche Menschen scheinen sogar süchtig nach Ärger, Zorn und Verbitterung zu sein. Sie verderben sich den Tag, indem sie die Aufmerksamkeit auf Dinge lenken, die nicht so sind wie sie es sich wünschen.

Große Hindernisse dafür, dass Dankbarkeit in uns aufkommt, sind das Gefühl ungerecht behandelt worden zu sein, aber auch das Gefühl nicht gut genug zu sein, es niemandem recht machen zu können.

Häufig haben diese Gefühle ihren Ursprung in der Kindheit und ebenso häufig bestimmen sie unsere spätere Unversöhnlichkeit. Dabei berücksichtigen wir später nicht mehr wie anders sich ein Kind an eine Situation erinnert als ein Erwachsener. Dass ein Kind den gesamten Rahmen einer Situation nicht wissen, kennen und beurteilen kann.

Dazu ein Beispiel aus meiner Praxis:
Eine Klientin hatte Probleme mit ihrem 14-jährigen Sohn, weil er seine Wäsche in der ganzen Wohnung herumliegen ließ. Ich machte ihm klar, dass ein Junge in seinem Alter durchaus in der Lage sei, seine Wäsche selbst zu waschen.

Wir handelten gemeinsam einen schriftlichen Vertrag aus mit einem Paragrafen, der dieser Tatsache Rechnung trug. So weit alles gut.

Jahre später traf ich meine Klientin zufällig in einem Cafe und fragte sie, wie es ihrem Sohn denn so ginge. Sie erzählte mir, dass er in einem Streit behauptet hätte, dass er schon mit zwölf Jahren seine Wäsche selber waschen musste und überhaupt hätte sie schon lange vorher nichts mehr für ihn getan.

Diese für ihn feststehende Tatsache hatte ihm das Gefühl gegeben, von keinem geliebt und völlig allein dazustehen - was ihm wiederum als Grund für manche Schwierigkeiten diente, mit denen er sich und anderen das Leben schwer machte.

Wäre das nicht heftiger Tobak, wenn uns das mit einigen unserer eigenen Unversöhnlichkeiten ähnlich gehen würde?

Ich behaupte mal, dass jeder von uns seine eigene Sichtweise der Dinge hat. Bestehen wir auf unserem Standpunkt, nehmen wir uns die Möglichkeit der Aussöhnung mit echten oder vermeintlichen Verletzungen. Vielleicht denkst du jetzt: *„So ein Unsinn, wieso soll ich über meine Unversöhnlichkeiten nachdenken, wo es doch ganz eindeutig ist, was ich von meinen Kindern, meinem Partner, meinen Eltern usw. erdulden musste?"*

Du hast absolut recht - aus deiner Sicht. Jedoch: Was andere tun oder nicht tun, sagen oder nicht sagen, fällt unter deren Verantwortung. Es hilft auch nichts, auf dein Recht zu pochen, denn jeder andere, mit dem du zu tun hast, fühlt sich ebenfalls - aus seiner Sicht - im Recht.

Jede Sichtweise ist einseitig und subjektiv, also gefärbt von Stimmungen, Wünschen und Erwartungen, und bringt dich nicht weiter.

Stattdessen bleiben wir gefangen in unseren Irrtümern und subjektiven Bewertungen - was auch der Grund dafür ist, warum manche Menschen immer wieder auf den gleichen, letztlich unpassenden Typ Partner treffen, ein sich ähnelndes Schlamassel an all ihren Arbeitsstellen ereignet und sie nicht so richtig glücklich werden können.

Erst wenn wir uns solche Geschehnisse mit der Bereitschaft zur Aussöhnung ansehen, kann diese eintreten und unsere Beziehungen und uns selbst heilen.

Wie kann ich jemanden dazu bringen der Aussöhnung zuzustimmen?

Die Antwort lautet ganz einfach: Überhaupt nicht. Eine Klientin sagte mir einmal: *„Mein cholerischer Vater, der mich so gedemütigt hat, der sollte herkommen und sich bei dir in Aussöhnung üben!"* Ein solcher Wunsch ist verständlich, wenn du dich häufig über jemanden ärgerst. Aber es ist eben nur ein unerfüllbarer Wunsch.

Wir können niemanden zwingen, etwas zu tun nur weil wir es wollen. Wir können niemanden dazu bringen sich zu ändern, weil wir ein Problem mit ihm oder ihr haben.

Wir können nicht einmal erwarten, dass sich jemand ändert, schon gar nicht, wenn derjenige das in unserem Interesse tun soll. Wir können nur an uns selbst arbeiten. Sicher wäre es schön, wenn viele Menschen den Weg der Aussöhnung für sich entdecken könnten. Aber es bedarf einer inneren Bereitschaft und die ist nicht in jedem vorhanden.

Ich hatte schon Geschwister und auch Expartner in meiner Praxis, die gemeinsam dazu bereit waren und das waren wunderschöne, bewegende Momente. Expartner, die sich für das Erlebte danken können und sich dann gegenseitig für eine neue Liebe frei geben. Die Schwester, die plötzlich fühlen kann, wie schwer es der Bruder im engen Verbund mit der Mutter hatte, um die vermeintliche Nähe er von seiner Schwester immer beneidet wurde. Das sind Momente die plötzlich für vieles entschädigen und das Leben leichter machen.

Dennoch: Wichtig ist, dass du beginnst und nicht darauf wartest ob jemand anders damit einverstanden ist.

Aussöhnung? Nein danke!

Neulich bekam ich eine Email von einer Leserin meiner Blogs. Darin schrieb sie mir das es wirklich der allerletzte Quatsch sein, den ich zum Thema Aussöhnung schreiben würde.

Sie hatte eine sehr deutliche persönliche Meinung: Wer den Kontakt zu seinen Eltern abbrechen würde, sorgt damit in den meisten Fällen für eine 100% Verbesserung seiner Lebenssituation. Das hätte sie beobachtet und könnte sie auch persönlich durch ihr eigenes Leben bestätigen. Im weiteren Text bestritt sie, dass Menschen ohne Versöhnung, im Leben mit bestimmten Schwierigkeiten zu kämpfen haben. Ich kenne solche oder ähnliche Einwände. Manche Menschen sind sich nicht bewusst, dass sie überhaupt etwas zum Aussöhnen haben. Andere sind strikte Gegner. Besonders Menschen, die in ihrer Kindheit schwere Traumata erlebt haben können zu dem Schluss kommen, das Verhalten ihrer Eltern niemals akzeptieren oder verzeihen zu können. Warum eigentlich?

Manchmal steht unser Stolz und der Glaube unser Gesicht zu verlieren im Wege. Oder dieser Entschluss beruht auf Missverständnissen, die das Thema Aussöhnung öfters begleiten.

Es herrschen viele falsche Vorstellungen über Aussöhnung. Sie ist keine Begnadigung oder Duldung. Letztendlich bedeutet Aussöhnung eine Veränderung in unserem Denken. Ihre verwandelnde Kraft lässt uns von einem hilflosen Opfer unserer Umstände zu einem starken Mitgestalter unserer Wirklichkeit werden. Dass das nicht jeder möchte ist meine Erfahrung.

Wichtig zu wissen ist, dass wir nicht vergeben um die Beziehung zu dem Menschen, der uns etwas angetan hat, wieder in Ordnung zu bringen. In Wahrheit bringen wir die Beziehung zu uns selber in Ordnung. Mit der Aussöhnung stellen wir unseren Eltern keinen Freifahrtschein aus. Aussöhnung bedeutet nicht, dass wir gutheißen, was sie uns angetan haben. Frieden schließen wir um unseretwegen, nicht der Eltern wegen. Wir wollen uns von einer schweren Last befreien und uns nicht auch noch heute damit bestrafen, dass wir uns fortwährend mit unserer schwierigen Kindheit beschäftigen und unsere Eltern verachten.

Sich mit der Vergangenheit aussöhnen muss nicht unbedingt bedeuten, dass wir unseren Eltern verzeihen. Auch wenn das der innigste Wunsch ist. Eine Stufe der Aussöhnung kann auch bedeuten, dass wir die Vergangenheit so akzeptieren, wie sie für uns war und sie ruhen lassen.

- Aussöhnung heißt, dass wir den Eltern keine Vorwürfe mehr machen, sondern akzeptieren, dass unsere Eltern sich nicht wie gute Eltern verhalten haben.
- Aussöhnung kann bedeuten, dass wir akzeptieren, dass unsere Eltern sich aufgrund ihrer eigenen Lebensgeschichte oder eigener seelischer Probleme nicht anders verhalten konnten.
- Frieden schließen bedeutet nicht unbedingt, dass wir wieder Kontakt zu unseren Eltern aufnehmen müssen. Dieser Prozess kann ganz allein in unserem Inneren erfolgen.
- Sich aussöhnen heißt auch nicht unbedingt, dass wir hierzu ein Schuldeingeständnis unserer Eltern benötigen.
- Aussöhnung sollte nicht an die Erwartung geknüpft werden, dass sich die Eltern noch ändern.

Die meisten von uns haben in der Kindheit nicht nur positive Erfahrungen mit ihren Eltern gemacht. Es liegt in der Natur von Erziehung, dass Eltern uns manche unserer kindlichen Bedürfnisse nicht erfüllen und uns das tief enttäuscht hat.

Als Kinder versuchen wir das, was uns passiert, mit unserem noch sehr beschränkten Verständnis von der Welt einzuordnen. Manche Verhaltensweisen unserer Eltern konnten wir damals nicht oder nur falsch verstehen. Deshalb macht es Sinn aus der heutigen Erwachsensicht unsere gesammelten Erfahrungen nochmals anzuschauen und zu prüfen, ob wir sie noch genauso wie als Kind bewerten.

Ich empfehle dir dazu eine professionelle Begleitung zu suchen, was sich als sehr hilfreich erweisen wird. Wenn du das mit mir angehen möchtest, dann nehme Kontakt zu mir auf.

kontakt@ilona-steinert.de

Was wird sich im Alltag tun?

Wenn du dieses Buch gefunden hast ist es, als hättest du ein Zeichen bekommen.

Es mag sein, dass es dir auch geschenkt wurde oder dass eine Freundin dir davon erzählt hat. Nur du weißt wie dieses Buch, das du in Händen hältst, zu dir gekommen ist, aber eines kann ich dir versichern: **Es kam nicht aus Versehen zu dir. Du liest es nicht zufällig.**

Ich weiß natürlich nicht, ob du im Augenblick Probleme hast, ob du um ein bisschen Erkenntnis gebeten hast oder dein Schicksal einfach findet, dass es Zeit für bestimmte Informationen ist. Später wirst du genau erkennen, warum du es in die Hand genommen hast. Sei einfach offen für dieses Zeichen.

Ein Zeichen das dir sagen will: Es ist Zeit für eine Veränderung.

Nicht eine plötzliche, schnelle Veränderung, die dich und dein Umfeld überfordern würde, sondern eine, die sich wie selbstverständlich in dein Leben schleicht - dafür aber umso nachhaltiger wirkt.

Sanft und doch unaufhaltsam werden sich mit der Aussöhnung deine Sichtweisen verändern.

Aussöhnung erlöst uns von so vielem. Sie beendet vor allem den Kampf mit uns selbst und erlaubt uns damit aufzuhören, Wut und Schuldzuweisung endlos wiederzukäuen. Aussöhnung kann deine Wahrnehmung der Welt auf den Kopf stellen. So enden all die inneren Konflikte, die fast alle von uns ständig mit sich selbst austragen.

- Du wirst feststellen, dass du dich weniger ärgerst, dass du öfter schweigst und lächelst, statt zu schimpfen oder in Rückzug zu gehen.

- Du wirst gelassener und mit mehr Dankbarkeit durch dein weiteres Leben gehen und diese neue Haltung wird sich automatisch auf deine Beziehungen auswirken.

- Du wirst kein perfekter Mensch werden, denn den gibt es nicht. Aber du wirst offener und weniger angstvoll mit vielem umgehen können und dich weniger verbiegen.

- Du wirst dich weiterhin mit deiner Umwelt auseinandersetzen - weil sich das nun mal nicht vermeiden lässt! Doch du wirst es selbstbewusster tun und dich weniger dafür schämen und viel mehr zu dir und deinen Bedürfnissen stehen.

Dein Leben wird immer klarer und schöner!

Dass diese Wirkung für dich, liebe Leserin, ebenfalls spürbar wird, das wünsche ich dir.

Teil 1

Aussöhnung
mit der Vergangenheit

Aussöhnung mit der Vergangenheit

Eine Reise in deine Vergangenheit ist mal lustig, mal schmerzhaft, mal aufregend – so wie dein Leben eben war.

Manche Erfahrungen und Erlebnisse, meist negative, sowie die Schlussfolgerungen, die wir daraus ziehen, setzen sich hartnäckig in unserem Inneren fest – und machen uns häufig das Leben schwer.

Es gibt Zeiten, in denen wir uns – aus welchem Grund auch immer – einreden möchten, dass wir Aussöhnung nicht nötig haben. In unserer Verwirrung halten wir uns nicht nur an dem fest, was unser Leiden verursacht. Wir verschließen auch die Augen vor dem, was uns heilen kann.

Ein interessanter Aspekt der Aussöhnung ist unsere Wahrnehmung. Darunter verstehe ich unsere selbst gewählte Sichtweise auf unsere Vergangenheit. Die Ereignisse, die uns widerfahren sind, können wir nicht ändern, aber wir können unsere Sichtweise ändern. Das ist ein wichtiger Bestandteil des Aussöhnungsprozesses.

Es geht darum, das Menschliche in den Figuren unserer Vergangenheit zu sehen. Hinter ihre verletzenden Handlungen zu blicken und ihren Kummer zu erkennen, der der Grund für ihr Verhalten ist.

Wir müssen mehr sehen als nur uns selbst, um verstehen zu können, dass Menschen uns meistens nicht vorsätzlich verletzen. Oft haben sie nicht mehr Kontrolle über ihr Handeln, als wir, ihre „Opfer".

Aussöhnung ist ein Prozess, bei dem wir nach der Wahrheit hinter dem äußeren Anschein suchen. Wenn wir beginnen unter die Oberfläche zu schauen, entwickeln wir Verständnis für verborgene Kräfte, die wir vorher nicht erkannten. Wir fühlen, dass in uns allen „verborgenes Schlechtes" und „verborgenes Gutes" schlummert, und beides gilt es an die Oberfläche zu bringen und uns damit auszusöhnen.

Damit erlöst uns die Aussöhnung von unserem Verlangen, die Vergangenheit ändern zu wollen.

Mach dir Notizen:
Wann sagst du IMMER oder NIE, wenn es um dich geht?
Wobei fühlst du dich benachteiligt?
Wann schaust du sehr bewusst auf deinen Vorteil?

Erwartungen und Enttäuschungen

Unsere Vorstellung davon, wie Eltern sein sollten, weichen oft erheblich von der Realität ab. Mutter hätte liebevoll und fürsorglich sein sollen, möglichst nie laut werden, ein offenes Ohr für unsere Sorgen und Wehwehchen haben und vor allem uns möglichst nicht korrigieren oder kritisieren. Vater sollte geduldig, gerecht, humorvoll, beliebt bei den Freunden sein, Ausflüge machen, mit uns kuscheln usw.

Es mag vereinzelt diese Idealeltern geben, die Wirklichkeit sieht jedoch meistens anders aus. Dennoch hat sich das Idealbild in uns festgesetzt. So hätten wir es gerne gehabt, so hätten wir es erwartet. Schließlich sind gute Eltern so, oder?

Jetzt mal ganz deutlich: Wir erleben uns selbst und unser Umfeld aus Sicht unserer erfüllten oder nicht erfüllten Erwartungen. Werden die Erwartungen erfüllt, möglichst ohne dass wir sie überhaupt aussprechen, ist alles gut.

Warum das so ist, fragst du?

Das hat mit ganz alten Erfahrungen in uns zu tun. Denk nur an kleine Kinder, die noch nicht sprechen können. Die Mutter muss spüren ob sie Hunger haben, nass sind oder einfach Langeweile angesagt ist. Trifft die Mutter das Richtige, stell sich ganz schnell Zufriedenheit ein. Trifft sie es nicht, dann ist das Geschrei groß.

In unserem Innern ist das Muster immer noch vorhanden: Werden unser Erwartungen nicht erfüllt, ist oft bittere Enttäuschung angesagt.

Es geht noch einen Schritt weiter, denn das gilt auch für Erwartungen, die wir an uns selbst stellen. Ständig vergleichen wir uns mit anderen und werden dabei zwangsläufig frustriert. Denn es gibt immer jemanden, der schlanker, besser, schöner, reicher, klüger ist als wir. Wie es übrigens auch immer jemanden geben wird, der ärmer, schlechter und dicker ist. Aber daran denken wir eher weniger. Doch Erwartungen können nicht immer erfüllt werden.

Ein kleines Beispiel:
Erwarte ich fest, dass mein Partner mir als Zeichen seiner Liebe rote Rosen schenkt, werde ich mich über gelbe Tulpen nicht so sehr freuen, sogar dann wenn diese meine eigentlichen Lieblingsblumen sind.

Dann hake ich dieses „Malheur" irgendwann in meinem Gedächtnis ab und später fällt mir nicht einmal mehr ein, dass ich überhaupt Blumen geschenkt bekommen habe. *„Er hat nie etwas für mich getan…!"* ist das Gefühl, das dann in angespannten Zeiten vorrangig ist.

Ich bin sicher, dir fallen noch viele Vorkommnisse ein, in denen deine Erwartungen nicht erfüllt und du enttäuscht wurdest.

Die schlichte Tatsache ist: Du kannst das, was passiert ist nicht mehr ändern. Auch andere kannst du nicht ändern. Ändern kannst du nur dich selbst und deine eigene Sichtweise auf vorgefallene Begebenheiten.

Du kannst einsehen, dass auch du unzählige Erwartungen, die an dich gestellt wurden, nicht erfüllen konntest.

Damit hast auch du bei anderen Menschen Schwierigkeiten bereitet:
- Die Eltern haben beruflich etwas anderes von dir erwartet.
- Der Partner hat eine andere Art des Zusammenlebens mit dir erwartet.
- Die Kollegin erwartet eine andere Art der Zusammenarbeit.

Die Liste lässt sich beliebig fortsetzen.

Zurück zu dir und mir: Im Laufe unseres Lebens kostet uns eine ausgeprägte Erwartungshaltung immens viel Energie, was sich schließlich in körperlichen oder psychischen Symptomen ausdrücken kann. Deshalb ist die Frage an dich wichtig: *"Welche Erwartungen verbinde ich mit eine Arbeitsstelle, einer Begegnung…?"* Ist dir das deutlich, wird klar, dass es nur eine Erwartung ist. Es kann auch völlig anders kommen.

Was immer du in deinem Leben für Stolpersteine hast, was immer nicht so läuft, wie du es dir wünscht – es hat mit deiner Geschichte zu tun, und nur du selbst kannst daran etwas ändern.

Du kannst lernen, die Tatsachen deines Lebens weitgehend unabhängig von deiner Erwartungen und Emotionen zu sehen. So wirst du manch kritische Situation anders beurteilen und auch anders empfinden. Du kannst lernen Vergangenes abzuschließen. Das heißt, du kannst dich neu entdecken, dich akzeptieren und lieben – ohne permanent die Erwartungen anderer erfüllen zu wollen.

Das macht dich freier, glücklicher und zufriedener.

Mach dir Notizen:
Was erwartest du von anderen?
Und was erwarten andere von dir?

Was uns krank macht und belastet

Hast du schon mal beobachtet, wie unterschiedlich Menschen reagieren, wenn sie angerempelt werden? Selbst wenn der Rempler sich entschuldigt, werden manche sofort wütend und drücken das ganz unmissverständlich aus: *„Was fällt Ihnen ein!"* oder *„Blödmann!"*, *„Spinnst du oder was?"*, oder sie werden sogar selbst handgreiflich und schubsen zurück. Andere reagieren ungehalten, gehen aber murrend weiter. Wieder andere scheinen die Rempelei gar nicht zu bemerken und es gibt Menschen, die sich spontan selber entschuldigen, wenn sie angerempelt werden.

Vor kurzem hörte ich in der Straßenbahn ein Gespräch:
A:*„Gestern bin ich beim Aussteigen auf die Straße gefallen und von einem Fahrradfahrer fast umgefahren worden! Na dem habe ich es aber gegeben!"*
B: *„Was hast du denn gemacht?"*
A: *„Ich hab ihn angebrüllt, dass es jeder in der Bahn hören konnte! Der wurde immer kleiner und ganz rot im Gesicht, dieser unverschämte Mistkerl!"*

Anscheinend war der Herr der Meinung, er wäre mit voller Absicht angefahren worden. Ganz sicher können wir die Wurzel dieser Denke in seiner Vergangenheit finden: Ärger über etwas oder vieles was ihm angetan wurde. Leider denken die meisten Menschen, da draußen in der weiten Welt, so ganz und gar nicht tiefer nach. Sie können keinen Zusammenhang herstellen, sondern der Rempler oder der Fahrradfahrer sind die Schuldigen und gut ist es. Die eigene Reaktion und deren Wurzeln werden nicht hinterfragt.

Wäre das anders, dann könnte der Herr den Rempler oder den kleinen Unfall als das sehen was es sicher war, nämlich eine unbeabsichtigte Unaufmerksamkeit. Dann müsste er keinen Gedanken und vor allem keine Gefühle mehr darauf verschwenden und hätte ein Päckchen weniger zu tragen. Selbst wenn die Rempelei in böswilliger Absicht geschieht, ist es unsere eigene Entscheidung, wie wir darauf reagieren wollen. Wir haben jederzeit die Möglichkeit zu sagen: *„Das war nicht richtig, aber könnte mir auch mal passieren, also Schwamm drüber!"*

Diese Einsicht wird bei den wenigsten spontan kommen, das ist natürlich. Wir dürfen uns ein aufloderndes Gefühl von Wut oder Zorn zugestehen und verzeihen. Schließlich wollen wir keine Heiligen werden. Aber wir können darauf achten, dass sich diese Gefühle nicht festsetzen und wir derartige Erlebnisse ewig mit uns rumtragen müssen.

Dann wird sich die Aussöhnung mit den Situationen des Alltages immer öfter spontan einstellen. Wer das nicht einsieht und eine „Und-trotzdem-hatte ich-recht" oder eine „Wie-konnte-man-mir-das-antun"- Haltung einnimmt, wird immer wieder und immer mehr enttäuscht werden.du hättest damit den Schlüssel zu deinem eigenen Unglück auf Dauer gepachtet.

Es gibt noch eine weitere Belastung mit giftigen Nebenwirkungen.
In der heutigen Zeit, in der die meisten von uns sich mehr für ihre eigene Gesundheit verantwortlich fühlen, achten wir sehr auf die Nebenwirkungen der Medikamente, die uns verordnet werden.

Wenn wir uns wirklich von der Last unseres alten Grolls befreien wollen, sollten wir die Gedanken, die wir in unseren Kopf beherbergen, genauso sorgfältig anschauen, wie die Medikamente, die wir unserem Körper geben. Die Unfähigkeit zur Aussöhnung kann nämlich ernste Nebenwirkungen haben und sich sehr negativ auf unser Wohlbefinden auswirken.

Schau dir die folgende Liste einmal an. Ich habe dort nur einige der körperlichen Beschwerden aufgeführt, die mit der Unfähigkeit sich auszusöhnen in Verbindung stehen:
* Kopfschmerzen
* Rückenschmerzen
* Nackenschmerzen
* Sodbrennen und Magengeschwüre
* Depressionen
* Energiemangel
* Beklemmungen
* Reizbarkeit
* Anspannung & Nervosität
* Schlaflosigkeit & Unruhe
* Niedergeschlagenheit, Unzufriedenheit

Nur wenige von uns würden Medikamente nehmen, von denen sie wissen, dass sie ihnen schaden werden. Aber in Bezug auf die Gedanken, die wir denken, sind wir bei weitem nicht so wählerisch. Was können wir tun, was ist das Gegenmittel?

Welches ist das wirksamste Mittel, um die Denkmuster zu heilen, die diese lange Liste an Symptomen hervorrufen? Ich bin sicher du weißt schon was jetzt kommt: **Dieses Gegenmittel ist die Aussöhnung mit deiner Vergangenheit – eine äußerst erstaunliche Heilerin, die die Fähigkeit besitzt, Symptome verschwinden zu lassen.**

Mach dir Notizen:
Bei wem oder was pochst du aufs Rechthaben?
Wer hat dir deiner Meinung etwas mit Absicht angetan?

Oh nein, die Eltern sind nicht für alles verantwortlich

Die meisten unserer Schwierigkeiten, mit denen wir im Leben zu kämpfen haben, wurzeln in unserer Kindheit und Jugend. In dieser Zeit haben wir entscheidende Erfahrungen gemacht – gute wie schlechte – und in unserer ganz subjektiven Sichtweise gespeichert.

Diese Sichtweise, wie auch unsere inneren Haltungen und Verhaltensmuster, die daraus entstehen und natürlich unsere Werte, die wir dann ableiten, hinterfragen wir in der Regel nicht. Warum auch, es sieht ja so aus als wären wir das. Wir leben in der Annahme das seien „wir", unsere Persönlichkeit. Wenn es uns dämmert, dass diese Denkweise ein gewaltiger Irrtum ist, entdecken wir hochinteressante und echt spannende Dinge.

Mir scheint manchmal, wir sind ein Volk von Schuldzuweisern und Ausflüchtlern.

Achte doch einmal darauf, wie schnell Menschen Erklärungen und Ausreden finden, wenn etwas nicht so läuft, wie sie es sich vorstellen. Schon kleine Kinder sind grandios darin. Von der Einsicht in eigene Fehler brauche ich bei vielen Menschen erst gar nicht anfangen.

Gäbe es eine Statistik, die belegen würde, wie viele Menschen ihre Eltern für das Scheitern in bestimmten Lebensbereichen verantwortlich machen, die Zahl wäre sicherlich immens hoch.

Entsprechende Vorwürfe, die bisher unbewusst gelebt wurden, kommen häufig in den Sitzungen bei mir zutage. Hier ein paar Aussagen dazu:

* Hätte sich meine Mutter meinem Vater gegenüber anders verhalten, hätte ich mich in meiner eigenen Ehe bestimmt auch anders verhalten können. Ich hatte ja nur dieses negative Vorbild.
* Wenn mich mein Vater öfter in den Arm genommen hätte, wäre ich bei meinem Partner nicht so bedürftig.
* Wäre meine Mutter nicht so früh gestorben, hätte ich eine bessere Ausbildung machen können.
* Wenn ich nicht so oft von meinem Vater geschlagen worden wäre, dann wäre ich heute weniger aggressiv.

- Hätte meine Mutter nicht grundsätzlich Streitereien untersagt, könnte ich heute mit Konflikten besser umgehen.
- Meine Mutter hat häufig Notlügen gebraucht, natürlich habe ich mir das abgeschaut.
- Meine Eltern waren dauernd unterwegs, während ich allein zu Hause bleiben musste. Deshalb fühle ich mich immer einsam.

Viele von uns tragen solche Glaubenssätze in sich, die uns daran hindern, ein selbstbestimmtes, erfülltes Leben zu führen. *„Ich könnte ganz anders sein, viel mehr haben oder zufriedener sein, wenn meine Eltern anders gewesen oder mit mir umgegangen wären.“*

Was für eine bequeme Ausrede! Sie macht uns zu Opfern der Umstände und verleugnet die Tatsache, dass wir jederzeit die Chance hatten – und haben - unser Leben selbst in die Hand zu nehmen.

Mach dir Notizen:

Hast du auch eine Lieblingsausrede in der deine Eltern eine Rolle spielen?

_____

_____

_____

_____

_____

_____

_____

_____

_____

_____

_____

_____

_____

_____

_____

_____

_____

_____

_____

_____

Die Qual der Wahl oder es bleibt wie es ist

Wir sind nicht, wie wir sind, nur weil unsere Eltern dieses oder jenes getan oder nicht getan haben! Seien wir ehrlich – ab einem gewissen Alter hatten wir die Wahl, etwas hinzunehmen, abzulehnen oder uns etwas Neues anzu-eignen. Wir haben es nur nicht getan. Stattdessen spielen wir das Mäuschen in der Ecke und pflegen die Ausflüchte.

- Deine Mutter konnte dir nicht das richtige Frauenbild vorleben? Du hät-test dir ein anderes Vorbild suchen können (meines war übrigens Ma-dame Curie).
- Dein Vater war ein wortkarger Eigenbrötler mit schlechten Manieren? Diskutieren konntest du auch mit Gleichaltrigen lernen. Oder dir die Ma-nieren von anderen Erwachsenen abschauen. Es hat auch schon immer Kurse dazu gegeben.
- Du hattest nie Freunde, weil deine Mutter es dir verboten hat? Hast du denn sonst immer wirklich alles befolgt, was deine Mutter dir verbot?

Die Eltern haben nicht Schuld, wenn jemand ständig neue Partner hat oder immer wieder den Arbeitsplatz wechseln muss, Drogen oder Alko-hol konsumiert, Straftaten begeht oder sein Leben aus irgendwelchen Gründen nicht so läuft, wie er es sich wünscht.

Und so, wie du selbst das Recht in Anspruch nehmen kannst, sein zu dürfen, wie du bist, haben deine Eltern dasselbe Recht. Eine Klientin fragte mich einmal, ob sie nicht das Recht hätte, empört über ihre Eltern zu sein, so wie die sich ihr gegenüber verhalten hätten.

Ja, du hast ein Recht darauf, jemandem böse zu sein, empört, entrüstet. Wer sollte dir das Recht streitig machen, ich bin es nicht. Die Frage ist aber: Was hilft dir dein Recht?

Schläfst du besser, lebst du gesünder, bist du glücklicher, nur weil du „recht" hast mit deinen negativen Gefühlen?

Vermutlich geht es dir eher besser, wenn du mit einer positiven Einstellung durchs Leben gehst. Und wie sieht es mit der anderen Seite aus?
Gestehst du auch den anderen, z.B. deinen Eltern ihr Recht auf Empörung, Entrüstung zu? Über deine Partnerwahl, deine Berufung, deine Art dich zu kleiden, deine Haarfarbe, deine politischen Ansichten?

Eine Klientin von mir wünschte sich ein zweites Kind, sie hatte das Gefühl das Thema Mutterschaft wäre bei ihr noch nicht abgeschlossen. Obwohl die Vermutung, sie müsste auch dieses zweite Kind wieder allein aufziehen, sehr nahelag. Dennoch folgte sie ihrem innigen Wunsch.

Nach der Geburt kam es natürlich zu den Schwierigkeiten, die das allein sein so mit sich bringt. Jetzt sehnte sie sich danach von ihrer Mutter regelmäßiger das Baby auch einmal abgenommen zu bekommen. Das ist sehr, sehr verständlich.

Aber sie und ihre Mutter leben in unterschiedlichen Welten. Meine Klientin möchte eine Vollblutmutter sein, ihre Mutter ist geprägt von der 68er Zeit und ihre eigenen Bedürfnisse waren ihr immer wichtig. Unterschiedliche Welten, die Tochter fühlt sich benachteiligt und die Mutter kann das nur schwer nachvollziehen und geht auch mit über 70 ihre eigenen Wege.

Wenn wir auch unseren Eltern ein Recht auf ihre Sicht der Dinge einräumen, relativiert sich unsere eigene Sichtweise. Auch das macht uns gesünder, glücklicher und zufriedener.

Mach dir Notizen:
Worüber kannst du dich bei deinen Eltern so richtig empören?

Ähnlich? Nein, auf gar keinen Fall

Hier kommt vielleicht ein neuer Gedanke für dich:
Wenn wir unsere Eltern für gewisse Schwierigkeiten und Probleme verantwortlich machen, die wir selbst im Leben haben, dann lehnen wir unsere Eltern innerlich ab. Zumindest trifft das auf diejenigen ihrer Eigenschaften zu, die wir zu unserer Rechtfertigung gerne heranziehen. Aber, hallo wach: Oft ist es so, dass wir selbst diese Eigenschaften dann schon besitzen, die uns an den Eltern negativ auffallen. Das ist uns häufig nicht bewusst, weil wir diese Eigenschaftenschon sehr früh verdrängt haben.

Mochtest du es zum Beispiel nicht, wenn dein Vater schrie oder polterte, kann es sein, dass du es dir von klein auf nicht erlaubt hast. Stattdessen hast du es dir angeeignet, in einer entsprechenden Situation schnippisch oder zynisch zu reagieren.

Was ein Außenstehender in beiden Fällen spürt, ist die dahinterliegende Aggression und so hörst du vielleicht öfters die Worte: „Du bist wie dein Vater". Häufig ähneln wir genau dem Elternteil, dessen Eigenschaften wir am meisten ablehnen.

Unsere Reaktionen und unser Verhalten beruhen immer auf unbewussten Motiven wie Schuldgefühlen oder Ängsten. Diese unbewussten Motive werden von Gedanken über uns gefärbt, die uns zu schmerzlich sind, als dass wir sie zulassen können.

Wir kehren diese negativen Gedanken buchstäblich unter den Teppich und „sehen" diese Dinge nur an anderen und nicht an uns selbst. Diesen Vorgang nennt man in der Psychologie „Projektion". Wir schreiben unseren Eltern (oder anderen Personen) das zu, was wir an uns selbst nicht sehen können. Dieser Filter verleiht den Ereignissen aus unserer Vergangenheit eine Bedeutung. Und jeder sieht einen Familienangehörigen anders, je nachdem welche „Brille" gewählt wurde. Deswegen können Geschwister ähnliche Verletzungen erfahren haben, doch der eine bleibt in der Opferrolle gefangen, während der andere eine neue Stärke entwickelt und handelt.

Es ist wichtig diese Dynamik zu verstehen, weil sie erklärt, wie unsere Eltern auch zu Feindbildern werden konnten.

Wenn wir das nicht nur erkennen sondern auch akzeptieren, wird unser Urteil über die Eltern mit Sicherheit relativiert und die Aussöhnung viel greifbarer.

Mach dir Notizen:
Hand aufs Herz. Welche Eigenschaften lehnst du bei deiner Mutter oder deinem Vater ab und kannst sie dennoch in dir selbst entdecken?

Gerechtigkeit ist subjektiv

Ich habe viele Menschen getroffen, denen Gerechtigkeit ein ganz hoher Wert war. Auch bei Seminaren wachten sie darüber, das alles gerecht zu ging und kein Teilnehmer mehr Zuwendung bekam als der andere. Ich nenne sie gerne die Wächter einer Gruppe.

Woher kommt das?

Schon als Kind erwarten wir ganz automatisch, dass uns Gerechtigkeit widerfährt. Wehe, die Eltern bevorzugen die jüngere Schwester oder den älteren Bruder. Dabei reicht es schon, wenn dir einmal aufgefallen ist, dass dein großer Bruder mehr Taschengeld bekam als du. Du empfindest das als derart ungerecht, dass du künftig eifersüchtig darüber wachen wirst, was dein Bruder von deinen Eltern erhält.

Zwangsläufig werden dir immer häufiger entsprechende Situationen oder Dinge auffallen. Dabei entgeht dir völlig, dass und wie oft auch du etwas bekommen hast, ohne das dein Bruder einen Ausgleich erhielt. So etwas zu entdecken liegt außerhalb deiner „Programmierung".

Es gibt keine Gerechtigkeit, weder in der Familie, in unserer Gesellschaft, oder in der Welt, denn Gerechtigkeit ist eine subjektive Empfindung.

Der große Bruder empfindet es als durchaus gerecht, wenn er ein Stück Kuchen mehr bekommt als die 5 Jahre jüngere Schwester, die ja nur wieder Bauchweh bekommen würde. Er wiederum findet es vielleicht als ungerecht, dass die kleine Schwester noch getragen wird, wenn sie beim Spaziergang nicht mehr laufen kann. Klar: Er weiß hundertprozentig dass er immer selber laufen musste.

Außerdem: Wer könnte jemals von sich behaupten, selbst immer gerecht gewesen zu sein? Bestenfalls können wir sagen, wir haben uns um Gerechtigkeit bemüht.

In dem Moment, wenn andere beteiligt sind, hängt es immer von unserem subjektiven Empfinden ab, ob wir uns gerecht behandelt fühlen oder nicht.

Mach dir Notizen:
Wann hast du dich in der Vergangenheit ungerecht behandelt gefühlt?

Falsch gewickelt?

Es kann sein, dass es dir im Moment nicht bewusst ist, welche konkrete Situation in deiner Kindheit dazu geführt haben könnte, dass du dich zurückgestoßen, oder ungerecht behandelt fühlst. Du warst noch zu klein, um dich erinnern zu können.

Vielleicht warst du mit Scharlach im Krankenhaus und deine Mutter durfte dich nicht besuchen. Oder sie war selbst schwer krank und du musstest in dieser Zeit zu Verwandten.Beides sind Notsituationen, die rational völlig verständlich sind. Das Gefühl „Meine Mutter hat mich im Stich gelassen" könnte sich dennoch bei dir fest einprogrammiert haben.

Solche Erlebnisse können so tief verschüttet und verankert sein, dass man sie nicht so ohne weiteres als Auslöser für jetzige Verhaltensweisen erkennen kann. Dennoch ist es wichtig, solche Schlüsselerlebnisse, in die richtige Relation zu rücken.

Auch wenn du zu einer Aussöhnung noch nicht bereit bist, kannst du von diesem Zurechtrücken profitieren. Vor einiger Zeit kam eine Frau zu mir, die ganz offensichtlich sehr unter der Ablehnung durch ihre Eltern litt. Schon äußerlich war sie bemüht, möglichst nicht sichtbar zu sein. Sie wirkte sehr hager, knochig und angespannt. In unserem Gespräch stellte sich heraus, dass sie davon überzeugt war, ihre Eltern hätten sie nicht gewollt und am liebsten abgetrieben, wenn das damals gesetzlich erlaubt gewesen wäre.

Voller Entrüstung und mit gepresster Stimme erzählte sie von den ablehnenden Blicken, denen sie sich aussetzt, wenn sie ihre Eltern besucht. Ich wunderte mich darüber, dass sie das trotz allem noch regelmäßig tat.

Im Laufe des weiteren Gesprächs wurde klar, dass sie zur inneren Aussöhnung noch keinesfalls bereit war. Doch selbst in diesem Fall hätte die Frau ihrer geschundenen Seele etwas Gutes tun können. Was nämlich durch meine Fragen zutage kam, war die Tatsache, dass sie offensichtlich von ihrer Oma aufgezogen wurde, zu der sie ein sehr liebevolles Verhältnis hatte.

Statt sich nun ständig in den negativsten Gedanken an die Eltern aufzureiben, bräuchte sie sich nur etwas gedanklich zu drehen und an die Menschen zu denken, die sie geliebt haben.

Allen voran die Oma, die sicher sehr viel für sie getan hat. Oma hat sie in den Schlaf gesungen, Schrammen verpflastert, Tränen getrocknet, in den Kindergarten gebracht und ihre Lieblingsmarmelade eingekocht.

Die Gedanken an das innige Verhältnis zwischen Oma und Enkelin und innere Bilder dieser liebevollen Handlungen können durchaus weicher stimmen.

Aber das mag in manchen Fällen leichter gesagt als getan sein. Ich hoffe darauf, dass unser Gespräch noch nachgewirkt hat, obwohl ich die Frau nie wieder gesehen habe.

Was ich dir mit diesem Beispiel sagen will, ist das es selbst in extremen Familienverhältnissen durchaus möglich ist, sich aus der „Hassfalle" zu befreien, wenn die bisherige Perspektive erweitert wird.

<u>**Mach dir Notizen:**</u>
Welche Personen waren in deiner Kindheit gut zu dir und wollten damit etwas ausgleichen?

_____

_____

_____

_____

_____

_____

_____

_____

_____

_____

_____

_____

_____

_____

_____

_____

_____

_____

_____

Die eigenen Wurzeln akzeptieren

Eine ganz wesentliche Voraussetzung dafür, dass sich durch die Aussöhnungsarbeit gegenüber den Eltern eingefahrene Verhaltensmuster und festsitzende Vorwürfe auflösen – ist, die eigenen Eltern als einen Teil von sich anzuerkennen.

Deshalb konzentrierte ich mich mit meinen Klienten auch auf die eher positiven Eigenschaften von Mutter und Vater, nicht nur auf ihre Schattenseiten, Schwierigkeiten und Probleme, die sie uns – tatsächlich oder vermeintlich geschaffen haben.

Stell dir doch einmal vor, wie jemand fühlt, wie jemand im Leben unterwegs ist, der glaubt von seinen Eltern nichts aber auch gar nichts bekommen zu haben, nicht geliebt worden zu sein. Nie, in keinem Moment.

- Wie kann das Selbstwertgefühl dieses Menschen gewachsen sein?
- Wie wird er oder sie sich Autoritätspersonen gegenüber verhalten oder den eigenen Kindern?

Da wird es sicher so manche Schwierigkeiten geben. Die können aber nicht behoben werden, wenn wir das schlechte Bild, das wir von unseren Eltern haben, unser Leben lang aufrecht erhalten.

Unsere Herkunft anzunehmen ist die Voraussetzung für Selbstakzeptanz. Diese wiederum ist eine wichtige Grundlage für Glück und Zufriedenheit im Leben.

Dabei gibt es eine große Falle, die ich häufiger miterlebe:
Es geht nämlich auch nicht darum oberflächlich über manches hinwegzuschauen oder etwas schön zu reden und dann im Brustton der Überzeugung zu erklären *„Ich bin mit meinen Eltern im Reinen!"*.

Nur wenn wir ehrlich mit den Geschehnissen umgehen und auch uns selbst im richtigen Licht sehen, bringt uns die Aussöhnung weiter in unserer Entwicklung als jede andere Methode.

Aussöhnung verändert nicht nur unsere Sicht und Haltung gegenüber unseren Eltern, sondern auch die Art und Weise, wie wir uns selbst sehen.

Mach dir Notizen:

Bist du wirklich bereit deine Wurzeln anzunehmen?
Ist dir inzwischen bewusst, wie stark du Vater und Mutter verinnerlicht hast?

Schwierigkeiten oder Umstände?

Hast du schon einmal darüber nachgedacht, dass es verschiedene Arten von Schwierigkeiten gibt? Ich wette nicht.

Generell können wir drei Arten von Schwierigkeiten unterscheiden:
- bewusste,
- unbewusste
- und unvermeidbare Schwierigkeiten

Zur ersten Art gehören alle Handlungsweisen, die darauf zielen, einem anderen Schaden zuzufügen oder uns einen Vorteil zu verschaffen. Lügen, Handlungen aus Neid oder Eifersucht, aber auch sich mit fremden Federn zu schmücken oder andere schlecht zu machen, gehören beispielsweise dazu.

Die zweite Art der Schwierigkeiten bereiten wir aus Achtlosigkeit.
Es fällt uns in der Hektik oder aus Interesselosigkeit nicht auf, wenn wir jemandem zu nahe treten. Oder wir übersehen den Kummer eines Menschen, weil uns anderes wichtiger erscheint.

Die dritte Kategorie, die unvermeidbaren Schwierigkeiten, entstehen durch das So-sein. Eine kränkliche Konstitution, eine Behinderung, unverarbeitete Traumata aus einer Kriegskindheit oder ähnliches. Solche oder ähnliche Schwierigkeiten haben unsere Eltern geprägt und natürlich unsere Beziehung zu ihnen. Aber auch wir begegnen in unserem Leben Schwierigkeiten, die wir nicht vermeiden können. Die schwere Krankheit des Partners, die Arbeitslosigkeit usw. Die unvermeidbaren Schwierigkeiten unserer Eltern, aus denen ihr So-sein entsprungen ist, die nehmen wir nur ungenügend wahr.

Es ist verständlich, dass wir uns selbst gerne im besten Licht sehen wollen. Unseren eigenen Umgang mit Schwierigkeiten geben wir nicht so leicht zu. Vor allem nicht, wenn wir jemandem damit geschadet haben.

Wir erwarten jedoch das Eltern, die sicher ahnen was zwischen uns schief gelaufen ist, ihre Fehler vorbehaltlos eingestehen können. Wenn sie stattdessen hilflos sind oder Ausflüchte suchen, sind wir wieder gekränkt. Manchmal hilft es das Wort Schwierigkeiten, durch den Begriff „Umstände" zu ersetzen.

Bitte bedenke: Es ist alles geschehen und kann nicht mehr rückgängig gemacht werden, wie unangenehm, beschämend oder schmerzlich diese

Erinnerungen für dich auch sein mögen. Steh dazu und schließ deinen Frieden damit. Aussöhnung hilft uns dabei, diese drei Arten der Umstände zu erkennen, dann an uns und den anderen zu akzeptieren. Manches gilt es hinzunehmen und auszuhalten.

Das Wichtigste bei der Betrachtung der Schwierigkeiten deiner Eltern ist, dich möglichst in deren damaligen Lage zu versetzen.

Eine Klientin fragte mich einmal: *„Ich studierte nicht, was meine Eltern wollten. Gehört das zu den unvermeidbaren Schwierigkeiten?"*. Stimmt. Die Tatsache allein, dass sie nicht das studierte, was ihre Eltern wollten, gehört zu den unvermeidbaren Schwierigkeiten. Jeder Mensch hat das Recht auf seine eigene Entwicklung und Verwirklichung – unabhängig von den Wünschen der Eltern. Allerdings gibt es im Rahmen solcher Entscheidungen oft Diskussionen, die beleidigende Wörter oder gar Handlungen nach sich ziehen. Dann geht es um die Prüfung der Details. Vielleicht ist jemand für einige Zeit zu einem Freund gefahren, ohne den Eltern Bescheid zu geben. Die waren dadurch in Angst und Panik. Dann wurde ihnen eindeutig etwas angetan.

Eine häufig nicht erkannte Schwierigkeit ist die Funkstille zwischen dir und deinen Eltern. Frag dich, mal ganz unvoreingenommen, wie fühlen sich Eltern, wenn Kinder sich nicht mehr melden, wenn sie nicht wissen wo sie sind? Natürlich ist es nicht nötig ständig bei den Eltern anzurufen und sich zu jeder Gelegenheit an und abzumelden. Die Eltern müssen auch nicht wissen was wir gerade planen oder tun. Es gilt eher darum das richtige Maß für einen Kontakt heraus zu bekommen. Sie aber völlig zu ignorieren, ist ungesund und undankbar. Es spricht für große Verletztheit oder übermäßigen Stolz.

Selbst wenn du das Gefühl hast deine Eltern interessieren sich nicht für dich oder ein Bruch von ihnen selbst ausgeht, wird dir die innere Aussöhnung leichter fallen, wenn du deinen Anteil an der Problematik erkannt hast.

Auf alle Fälle können gravierende Differenzen und Streitigkeiten in Familienverbänden Ursache für so manche Schwierigkeiten im Leben sein, die sogar generationsübergreifend wirksam werden.

Es kann durchaus sein, dass sich ein Kontaktabbruch zu den Eltern auf die eigenen Kinder auswirkt. Daher ist es nicht verwunderlich, dass ein Thema in manchen Familien immer wieder auftritt, sich beispielsweise in eine Familie seit Generationen Mutter und Tochter hassen, die Existenz verloren geht und vieles mehr.

Mach dir Notizen:
Was sagen dir die drei Arten von Schwierigkeiten?

Die Beziehung zwischen Eltern und Kindern verändert sich im Laufe des Lebens

Auf dem Weg von unserer Kindheit zum erwachsenen Menschen durchlaufen wir mit unseren Eltern drei Phasen.

1.Phase
Wenn wir klein sind, dann sind die Eltern für uns das Liebste auf der Welt. Sie wissen alles, können alles und sie sind für uns einfach die Größten, im wahrsten Sinne des Wortes. Wir ahmen sie nach und verteidigen sie aus vollem Herzen, anderen gegenüber.

Ich erinnere mich noch genau an eine Episode, als ich höchsten 5 Jahre alt war. Damals lebte ich mit meinen Eltern in Italien und ich durfte abends mit meiner Mutter zu einem typisch italienischen Tanzvergnügen. Bunte Glühbirnen hingen um die Tanzfläche herum und es gab Lifemusik. Es dauerte nicht lange und meine Mutter wurde zum tanzen aufgefordert. Dann sogar mehrmals von dem gleichen Mann! Ich sah sie scherzen und lachen. Das war für mich ungeheuerlich. Mein Herz begann wie wild zu schlagen und ich rannte nach Hause um meinen Vater zu holen: *"Papa, Papa, Mama tanzt mit einem fremden Mann!"*. Aber ich realisierte als Kind natürlich nicht, dass sie nach dem Tod meiner Schwester zum ersten Mal wieder fröhlich war.

Mit zunehmender Reife holen wir unsere Eltern dann langsam vom Podest. Wir entdecken, dass sie nicht alles wissen, Fehler machen und uns manchmal auch etwas vormachen. Meine Mutter brachte ihre Meinung über andere Leute immer sehr deutlich zum Ausdruck. Sie wusste zu allem was zu sagen und ich hielt vieles für wahr. Da gab es Familien mit mehreren Kindern, die sie als asozial bezeichnete, Kinder von denen ich mich fern zu halten hatte, und strikte Richtlinien was sie für richtig oder falsch im Leben hielt. Der Moment an dem ich merkte, das ihre Weltsicht ziemlich einseitig und eingeschränkt war, war fürchterlich für mich. Ich war total verunsichert.

2. Phase
In der Pubertät sind die Eltern für uns schließlich die letzten Versager. Menschen die keine Ahnung von uns haben, die uns nur Schlechtes wollen. Wir achten ihre Erfahrungen nicht und glauben alles besser beurteilen zu können. So schwierig die Zeit für alle Beteiligten ist, man sollte es nicht nur auf die Hormone der Jugendlichen schieben.

Die Pubertät ist ein wichtiges ausprobieren der Lösung von den Eltern. Niemand ist auf der Welt um im Fahrwasser der Eltern zu schwimmen und ihre Werte zu leben. Hier sind Kinder die keine Pubertät erleben deutlich im Nachteil. Ihnen wird das Thema Abgrenzung und Loslassen als Erwachsene eher schwer fallen. Widerspruch wird sich dann eher innerlich abspielen, aber außen bleibt die Fassade angepasst. Die Entfaltung der eigenen Persönlichkeit oder einer Lebensvision wird deutlich verzögert.

3. Phase
Als Erwachsene gelangen wir schließlich, wenn es ideal läuft, an einen Punkt, an dem wir unsere Eltern sehen wie sie wirklich sind. Sowohl ihre Stärken wie ihre Schwächen kennen und verstehen warum sie sich verhalten, wie sie sich verhalten (haben).

Der Weg bis zur 3. Phase kann sehr dornig und schwierig sein. Manchmal fordert uns diese Phase sehr, weil uns die innere Aussöhnung mit den Eltern schwer fällt. Wir wollen eher unsere Verletzungen anerkannt wissen oder warten sogar auf eine Entschuldigung. Andererseits sind Eltern wichtige Bezugspersonen und sich mit ihnen innerlich auszusöhnen, ist auch für unser Seelenheil und das Zusammenleben mit anderen Menschen heilsam.

Aber manche Menschen verharren ihr Leben lang in der Phase 1 und verherrlichen ihre Eltern. Sie schaffen es nicht ihr Leben nach ihren eigenen Vorstellungen zu leben. Andere verharren in der Phase 2, sie halten ihren Eltern ihr eigenes verpfuschtes Leben vor.

Besonders dann, wenn die Kindheit schwer war, sehen manche keine Möglichkeit sich innerlich auf ihre Eltern zu zu bewegen. Dabei ist es unendlich wichtig sich mit seinen Eltern neu auseinander zu setzen, weil wir erst dann die Wurzeln vieler unserer eigenen Verhaltensweisen und Gefühlsreaktionen verstehen und verändern können.

Und das ist die spannende Frage überhaupt.
Vieles haben wir nämlich aus Angst vor Ablehnung gegen unseren Willen gemacht. Und manches haben wir aus schlechtem Gewissen getan, ohne dass wir es wirklich wollten.

Mach dir Notizen
Wen hast du verherrlicht: Mutter oder Vater?
Wann hast du gemerkt, dass deine Eltern nicht mit allem Recht haben? Was hast du aus Angst vor Ablehnung für sie getan?

Ein Gespräch mit meinen Eltern? Oh, das wird nichts!

Solch einen Satz höre ich von meinen Klientinnen öfters. Ich glaube das ist ein Grund die Dingen genauer zu untersuchen, findest du nicht?

Du möchtest mit deinen Eltern über deine Kindheit sprechen oder es gibt ein anderes Thema, das dir auf der Seele brennt. Aber du hast Angst, dass es im Streit endet und traust dich nicht ein Gespräch zu beginnen. Vielleicht wartest du auf einen günstigen Moment, aber der kommt natürlich nicht.

Wenn wir uns mit den Eltern unterhalten wollen, so können von beiden Seiten eine Menge Fehler passieren. Schauen wir uns doch unsere Seite an, was könnte unser Anteil daran sein, dass ein gut gemeintes Gespräch in die Hosen geht?

Was ist ein ungeeignetes Verhalten im Gespräch mit unseren Eltern?
* Wir greifen unsere Eltern an und machen ihnen Vorwürfe.
* Wir treten als Besserwisser auf und machen sie damit klein.
* Wir erwarten von ihnen ein Schuldeingeständnis, wenn wir sie auf ihre Fehler ansprechen.
* Wir erwarten unbewusst, dass sie sich völlig anders verhalten, wie in der Vergangenheit.
* Wir erwarten das sie uns loben, Liebe zeigen oder das sie stolz auf uns sind. Dies ist jedoch unrealistisch, denn dazu müssten sie sich grundsätzlich ändern.
* Wir führen unser Gespräch nicht als Erwachsene sondern rutschen in die Rolle des Kindes ab.
* Wir sind beleidigt oder reagieren mit Wut oder wir geben schnell nach und machen uns klein.

Ich habe an entscheidender Stelle auch einmal große Fehler gemacht. Allerdings hat es etwas gedauert bis ich mich dafür schämen konnte.

Der größte Wunsch meiner Mutter war ein Schrebergarten. Sie liebte es in der Erde zu buddeln.

Leider hat mein Vater sie darin nie unterstützt, ganz im Gegenteil, er fand es spießig. Als sie schon älter war, las sie eines Tages eine Anzeige, dass jemand seinen Garten verkaufen wollte. Meine Mutter rief sofort dort an um den Garten, samt kleiner Laube, zu kaufen.

Sie sah sich schon als stolze Besitzerin. Aber die Bedingungen kamen mir komisch vor und ich begann mich beim Schrebergartenverein zu erkundigen. Nachdem ich seltsame Dinge herausgefunden hatte, suchte ich mit ihr das Gespräch und wollte ihr klarmachen, dass sie Gefahr lief einem Betrüger aufzusitzen.

Allerdings stellte ich sie dabei als etwas "doof" hin, das würde doch jeder merken, dass der Typ ein Betrüger sei. Meine Mutter wehrte sich mit Händen und Füssen und war völlig uneinsichtig. Statt auf mich zu hören, bereitete sie die Geldübergabe vor. Als die Polizei ins Haus kam, stellte es sich tatsächlich heraus, dass der Verkäufer ein Betrüger war und meine Mutter sank völlig in sich zusammen.

Ich merkte einfach nicht, wie weh es ihr tat, dass ihr Traum wieder nicht in Erfüllung ging. Stattdessen kehrte ich noch mehr heraus, was ich ja alles vorher gewusst hätte.

In der Psychotherapie spricht man davon, dass bei einem Gespräch mit einem Elternteil immer vier Personen anwesend sind:
1. Unsere Vorstellung davon wie der Elternteil sein sollte
2. Wie unser Elternteil tatsächlich ist
3. Die Vorstellung des Elternteils davon, wie wir sein sollten
4. und wie wir tatsächlich sind

Lass uns das Gespräch mit meiner Mutter als Beispiel nehmen:
1. Ich hatte die Vorstellung davon das meine Mutter so taff sein sollte, wie ich sie in meiner Kindheit wahrgenommen hatte
2. tatsächlich war meine Mutter bedürftig
3. meine Mutter wollte die Tochter von früher die ihr zustimmte und beistand
4. Ich war eine Tochter die auf eine besserwisserische Art eigentlich Anerkennung und Lob von der Mutter wollte

Nicht umsonst ist heute mein Spezialthema die Aussöhnung. Ich bin froh, dass ich aus meinen alten Fehlern gründlich gelernt habe und heute mit meinen Klientinnen ein Gespräch mit den Eltern sehr gut vorbereiten kann.

Teil 2

Aussöhnung
in der Gegenwart

Sich aussöhnen im Hier & Jetzt

Klar, Aussöhnung bezieht sich nicht nur auf die Vergangenheitsbewältigung, sondern wir können in dieser inneren Haltung auch aktuelle Fragen im Privat- oder Berufsleben prüfen. Gerade dort sehnen wir uns ja nach positiven Veränderungen.

Normalerweise kennen wir im Alltag maximal das Verzeihen und das bedeutet kaum mehr, als die Entschuldigung eines anderen zu akzeptieren. Manchmal nehmen wir eine Entschuldigung an, nur um höflich zu sein.

Das Leben ist nicht immer eitel Sonnenschein. Wir streiten, das die Fetzen fliegen, wir fühlen uns zutiefst gekränkt, beleidigt, übersehen oder geraten in ernsthafte Konflikte. Kontaktabbrüche, Rosenkriege, Gerichtsprozesse machen das Leben schwer. Manchmal klammern wir uns an unseren Groll darüber, dass eine Freundin uns im Stich gelassen hat, und glauben uns auf diese Weise vor weiteren Verletzungen schützen zu können.

Es nicht soweit kommen zu lassen, oder solche Phasen zu überwinden, ist eine Aufgabe, die wir selbst aktiv angehen können. Zu warten ob der andere etwas tut, verlängert nur das eigene Leiden.

Auch wenn es eine schwierige Herausforderung ist, die zunächst in unserem Inneren stattfindet, wächst unsere Persönlichkeit daran enorm. Selbst dann, wenn der andere sich nicht versöhnen möchte.

Sich aussöhnen bedeutet, dass
- wir den Wunsch aufgeben, Recht haben zu müssen. Das fällt oft sehr schwer.
- wir lernen Ereignisse so anzunehmen wie sie sind. Stattdessen hängen wir lange an der Idee das wir es gerne anders gehabt hätten.
- wir uns bemühen, zu verstehen, weshalb sich der andere so verhalten hat. Wir halten stattdessen übermäßig lange an unserer Sicht der Dinge und der eigenen Verletzung fest.
- wir mit etwas abschließen können und einen Neubeginn wagen.

Etwas nicht mehr nachzutragen, ist eine echte Herausforderung. Das stimmt, es ist nicht leicht, aber auch nicht unmöglich und es bringt dafür soviel Erleichterung.

Mach dir Notizen:
Überprüf dich in dem du dir alte Konflikte ins Gedächtnis rufst.
Was fällt dir besonders schwer? Das Rechthaben aufgeben zu müssen?
Wieder vertrauen zu fassen? Dich in den anderen hinein zu versetzen?
Welche Vorteile einer Aussöhnung sind dir am Wichtigsten?

Aussöhnung – eine wichtige Zutat in der Partnerschaft

Frisch Verliebte brauchen keine Aussöhnung - zumindest nicht gegenüber dem Partner. Üblicherweise werden bestimmte Themen in der ersten Zeit des Zusammenseins einfach ausgelassen. Frau spricht nicht wirklich darüber, was sie im Haushalt von ihm erwartet oder wie weit er für die Kinder zuständig sein soll. Umgekehrt hat auch der Mann Themen, die er nicht genau anspricht.

Darüber muss man nicht reden, das ergibt sich doch von ganz alleine, denkst du vielleicht und es wird schon so werden, wie ich es mir vorstelle - das entspricht aber meistens nicht den Tatsachen.

Eigentlich sollte eine Partnerschaft ja auch ein Win-Win Spiel sein. So stellen wir uns das vor und hätten es am liebsten. Aber spätestens ab dem Zeitpunkt, an dem du feststellst, dass das Herzklopfen immer seltener wird, werden sich tiefere Muster zeigen.

Wenn dieses Kapitel dich gerade jetzt interessiert, geht es dir wohl um eine langjährige Beziehung, um Unstimmigkeiten, Gefühlsverlust, Seitensprung oder Trennungsabsichten. Vielleicht erhoffst du dir, dass die Beschäftigung damit dir hilft, doch noch deine Ziele zu erreichen und glücklich zu werden.

Aus meiner Erfahrung heraus kann ich dich nur ermutigen, dich zunächst innerlich deinen Eltern zuzuwenden. Das hilft dir Familienmuster zu erkennen, die du möglicherweise in deiner Partnerschaft fortführst und die sich dort nachteilig auswirken.

Wie haben deine Eltern die Partnerschaft gelebt, wurde still gelitten und geduldet oder sind die Fetzen geflogen? Wer hat über wen bestimmt?

Meine Mutter hat in vielen Teilen über meinen Vater bestimmt. Was er anzieht, wie viel Geld er persönlich zur Verfügung hatte und wann er wieder zu Hause sein sollte. Als Kind tat er mir leid, dennoch färbten die Muster meiner Mutter auf mich ab. Das erkannte ich, nachdem ich bei meinem neuen Freund ungefragt alle seine Hemden aussortiert hatte, deren Kragen ich unmodern fand - er war sprachlos.

Diese Vorarbeit zur Beziehung der Eltern bedeutet keinesfalls verlorene Zeit. Denn es ist sehr gut möglich, dass sich dein Verhältnis zum Partner und damit deine Beziehung bereits in dieser Phase positiv verändert.

Seelisch verletzt und gekränkt fühlen wir uns vom Partner, wenn wir das Verhalten oder die Worte als Angriff und Bedrohung gegen die eigene Person ansehen. In diesem Fall können wir den vermeintlichen Feind unsererseits angreifen und beschimpfen. Oder es verschlägt uns die Sprache, weil wir innerlich unsicher sind und ein geringes Selbstwertgefühl haben. Dann droht Kontaktabbruch, denn am liebsten möchten wir ihn nicht mehr sehen. Jedoch gärt so der Ärger im Inneren weiter.

Es ist eine Tatsache, dass viele Partner sich schwer tun damit, ihren Ärger und die Enttäuschung zu überwinden und sich mit dem Anderen auszusöhnen.
Manchmal es ist eine Art der Bestrafung, die wir mit dem Nicht-Verzeihen bezwecken wollen. Oder es geht um die Angst, der andere könnte sich ermutigt fühlen, sein Verhalten zu wiederholen. Solche bewussten oder unbewussten Motive, halten uns stark von der Aussöhnung in der Partnerschaft ab.

Wenn wir verzeihen und uns aussöhnen, dann geben wir lediglich die Forderung auf, dass sich der andere nach unseren Vorstellungen verhalten sollte. Aber wir sind verliebt in die Vorstellung der Andere wäre der Schuldige und wir die Unschuldige. Es fühlt sich einfach um Längen besser an.

Sich die Frage zu stellen: *„Was habe ich zur Situation beigetragen?"* ist zwar richtig, aber immer noch unpopulär. Wir analysieren die Situation lieber von oben nach unten, von rechts nach links, aber wir stellen uns selten in die Schuhe des anderen und fragen: *„Was hat aus seiner Perspektive dazu geführt, dass er sich so verhalten hat?"* Unsere eigene Perspektive ist uns einfach näher und oft auch wichtiger.

Beruhige dich, du brauchst das Verhalten des anderen nicht gutzuheißen. Es ist völlig richtig zu sagen: *„ Mir gefällt es nicht. Es hat mir sehr wehgetan!"* Aber statt zu sagen: *„Das geht ja gar nicht.",* kannst du akzeptieren, dass es geschehen ist, wie es geschehen ist. Stattdessen verlierst du durch die Empörung über das Ereignis viel zu viel Energie.

Ein Kollege von mir hat einmal gesagt: *„Jemand der sich empört geht auf eine Empore."* Ein ganz toller Satz, denn auf einer Empore blickt man auf den anderen herunter und fühlt sich erhabener.

Was hilft es dir, stolz oder stark zu sein und recht zu behalten, wenn dein Körper und deine Seele leidet?

Mach dir Notizen:
Wie haben deine Eltern Partnerschaft gelebt?
Welche Qualität hatte die Beziehung?
Wer war dominant, wer unterlegen?
Wie hat sich das auf dich ausgewirkt?

Oh nein, nur das nicht: Fremdgehen verzeihen?

Wenn du soeben erfahren hast, dass dein Partner dich betrügt und fremdgegangen ist, dann kannst du dieses Buch erst einmal zur Seite legen. Aussöhnung ohne professionelle Begleitung kann jetzt nicht gelingen, weil du viel zu verwirrt und emotional bist, um einen klaren Gedanken zu fassen. Wenn dir danach ist, darfst du Tassen und Teller an die Wand werfen oder deinen Zorn herausschreien. Verprügle dein Kopfkissen, wein dich richtig aus und bemitleide dich gehörig.

Erst wenn der erste, heiße Zorn verraucht oder die Kältestarre etwas aufgetaut ist, kannst du wieder Klarheit in deine Gedanken und Gefühle bringen.

Wir neigen dazu, an Gewohnheiten festzuhalten und kämpfen darum, im vermeintlichen Gleichgewicht zu bleiben. Zu erkennen, dass der Partner fremd geht, bedeutet, dass das Leben aus dem Gleichgewicht gerät. Der Seitensprung bedeutet auch, dass Konflikte und Veränderungen auf einen zukommen und die Eltern, Freunde oder Geschwister möglicherweise Konsequenzen erwarten und Druck ausüben.

Nach dem ersten Schock spüren wir Kränkung, Verzweiflung, Misstrauen, Ablehnung, Hilflosigkeit, Ekel, Wut, Angst und Minderwertigkeitsgefühle und stellen die Partnerschaft in Frage.

Gleichzeitig quält uns die Ungewissheit, dass er wieder einen Seitensprung begehen könnte. Argwöhnisch beobachten wir jeden seiner Schritte, kontrollieren vielleicht die Emails und verlangen Rechenschaft. Während er am liebsten den Mantel des Vergessens und Schweigens über sein Fremdgehen legen will.

Bleiben wir dabei, ihm bei jeder Gelegenheit wegen seines Fremdgehens Vorwürfe zu machen und bestrafen wir ihn mit Verachtung, dann tun wir uns selbst und ihm nichts Gutes.

Die Frage, die wir uns stellen sollten, ist nicht: „Soll ich ihm das Fremdgehen verzeihen oder nicht?" sondern: "Möchte ich ihm verzeihen?"

Es könnte sein, dass sich in uns alles gegen eine Aussöhnung sträubt, weil

- wir ihm keinen Freibrief zum fremdgehen ausstellen wollen.
- wir ihn weiterhin für sein Fremdgehen und unsere Verletzung bestrafen möchten.
- wir durch unsere Vorwürfe Macht über ihn haben.
- wir glauben, dass er noch nicht genügend Reue gezeigt hat.

Wenn du dir diese Einstellungen genauer anschaust, dann wirst du erkennen, dass es Fehlannahmen sind. Hier eine andere Möglichkeit:

Verzeihen kann bedeuten, dass wir sein Verhalten als großen Fehler ansehen, ihm und der Partnerschaft aber noch eine Chance geben. Er ist ein Mensch und Menschen tun Dinge, die sie im Nachhinein als falsch ansehen.

Ich rate dir, den Seitensprung zum Anlass zu nehmen um Bilanz zu ziehen. Wo könnten sich die tiefen Wurzeln verbergen, durch die du in diese schmerzliche Situation geraten bist?

Obwohl dir der Seitensprung sicher unter den Nägeln brennt, widme dich zuerst in der Rückschau deinen vergangenen Liebesbeziehungen. Geh chronologisch vor. Was ist passiert? Wer hat wen durch was verletzt? Auf diese Weise lernst du dich und deine Muster tiefer kennen.

Es geht darum zu erkennen, dass auch du in mancher Situation in einer Partnerschaft nicht immer einfach warst, dass du auch Umstände und Schwierigkeiten bereitet hast.

Das kann einiges an Schmerz und Verbitterung lindern oder zumindest in eine realistische Relation rücken.

Mach dir Notizen.
Kennst du das Thema Fremdgehen von deinen Eltern? Wie haben die das gelöst? Wie sind meine bisherigen Beziehungen verlaufen? Welche Qualität hatten die einzelnen Beziehungen? Wer hat sich von wem getrennt und aus welchem Grund? Wer hat wem etwas angetan?

Aussöhnung und dein Berufsleben

Eine Herausforderung der besonderen Art, sowohl als Arbeitgeber als auch als Arbeitnehmer, sind die beruflichen Beziehungen am Arbeitsplatz. Hier können Probleme wie Eifersüchteleien, Angst vor Zurückweisung oder auch die Angst vor der Ehrlichkeit vorkommen.

Die meisten von uns müssen arbeiten, um ihr Leben zu finanzieren und wir können uns die Kollegen und Chefs nicht aussuchen - das stimmt. Aber wie gut oder schlecht wir im Beruf zurechtkommen, hängt viel mit unserer inneren Einstellung zu Leistung und Belohnung ab. Natürlich finden wir die Grundlagen dazu auch in unserer Vergangenheit bei unseren Eltern. Dort haben wir kennengelernt welchen Wert Leistung damals hatte und was Belohnung bedeutete und was nicht.

Auch das Vorbild unserer Eltern spielt eine bedeutende Rolle:
* Hat dein Vater seine Arbeit geliebt, war er zufrieden in seiner Firma?
* Musste er Überstunden machen, damit ihr über die Runden kamt?
* Hat er eine Entlassung und einen Neuanfang mitmachen müssen?
* Gab es Arbeitslosigkeit oder Geschäftsaufgaben?
* Kannten deine Eltern das Leben in einer Selbstständigkeit oder waren sie Gehaltsempfänger, die pünktlich ihren Lohn bekamen?
* Gab es im Berufsleben deiner Eltern Aufstiegschancen?
* Konnte sich deine Mutter mit ihrer Arbeit selbst verwirklichen?

Kinder saugen wie ein Schwamm auf, was in ihrer Umgebung passiert und werden danach geformt. Das geschieht, in dem sie die Eltern in ihren Einstellungen nachahmen oder dagegen heftig rebellieren. Genau so viel arbeiten wie der Vater oder auf gar keinen Fall so viel arbeiten wollen. Dann wollen wir entweder auch viel leisten oder wir haben mit Leistung nichts mehr am Hut. Das sind die zwei Wahlmöglichkeiten. Aber der Ausgangspunkt ist in beiden Fällen gleich.

Mein Vater hatte ständig Probleme mit seinen Arbeitskollegen oder seinem Chef. Die Konflikte belasteten ihn so sehr, das er extrem viel darüber redete. Meine Mutter hörte ihm stundenlang zu und gab ihm Ratschläge, die er doch nicht beherzigte. Am nächsten Tag ging wieder alles von vorne los. Eigentlich wusste er alles besser als seine Vorgesetzten und arbeitete auch schneller und sauberer als seine Kollegen, nur Anerkennung bekam er dafür nie. Ich spürte als Kind, dass Arbeit offensichtlich eine große Belastung fürs Familienleben bedeutete.

Dennoch strebte ich später als Erwachsene genau das unbewusst an.

Durch den Willen zur Aussöhnung mit uns, unseren Schwächen oder Fehlentscheidungen können wir die Mechanismen, die uns das Arbeitsleben erschweren, viel leichter erkennen und auflösen.

Vielleicht bist du ja im Großen und Ganzen zufrieden mit deiner beruflichen Situation - von ein paar Dingen einmal abgesehen: Zeitdruck, eine Kollegin, die mit ihrer Art immer mal wieder nervt, ein Chef der hin und wieder chaotische Züge hat.

Wenn du aber mit den Arbeitsbedingungen ernsthaft haderst, wenn dir dein Arbeitsplatz zu langweilig oder zu stressig ist, wenn du häufig deinen Arbeitsplatz wechselst oder du sogar deinen Beruf in Frage stellst, kannst du mit einigen Blicken in die Vergangenheit vielleicht herausfinden, voran das liegen mag und damit Veränderungen einleiten.

Wie immer geht es dabei nicht um gut oder schlecht, richtig oder falsch. Es geht allein darum, festzustellen, wie sich ihre Arbeitseinstellung im Laufe der Zeit entwickelt oder verändert hat. Du wirst wahrscheinlich etwas finden, was sich durch all die Jahre zog, den berühmten roten Faden.

Mach dir Notizen:
Worum geht es dir bei deiner Arbeit?
Soll sie dich etwas lehren, Anerkennung, Zuneigung oder Bewunderung einbringen? Das Gefühl vermitteln gebraucht zu werden, wichtig zu sein oder dir materielle Vorteile bringen?
Setzt du dich von Beginn an mehr als erforderlich ein?
Wie bereitest du Kollegen oder deinen Chefs Schwierigkeiten?
Durch Unpünktlichkeit, fachliche Fehler, häufige Krankheiten?
Oder bist du eifriger, rücksichtsloser oder kreativer als sie?
Und wie steht das alles in Beziehung zur Arbeitseinstellung in deinem Elternhaus?

Burn-out-Syndrom mit Aussöhnung überwinden

Fast jeder von uns kennt das Gefühl, ausgelaugt und reif für die Insel zu sein, mehr oder weniger ausgeprägt. Aber wann kann man wirklich von einem Burn-out sprechen?

Schau mal auf folgende Punkte: Das Auftanken neuer Kraft und Zuversicht ist nicht mehr möglich ist, zunehmend mehr Lebensbereiche sind von Gleichgültigkeit oder Angst betroffen, Krankheiten stellen sich ein, man zweifelt an den eigenen Fähigkeiten und alles scheint den Bach runterzugehen. Dann sollten wir die Alarmglocke nicht mehr ignorieren.

Was hältst du von folgender Arbeitshypothese?
Ein Teil von uns, den wir im Allgemeinen Seele oder Innerstes nennen, wünscht sich eine Pause und hat schon seit geraumer Zeit versucht, sich „Gehör" zu verschaffen. Unser Verstand weigert sich aber sehr hartnäckig, dieses unbekannte Ich zu Wort kommen zu lassen. Wir empfinden diesen Teil eher als lästig, unnötig oder kindisch. Kurz gesagt: All das, was wir an uns nicht mögen oder was uns von den Eltern aberzogen wurde, was aber trotzdem zu uns gehört, will anerkannt werden.

Wie wäre es wenn uns das Burn-out-Syndrom darauf aufmerksam machen will?Ist das ein ungewöhnlicher Gedanke für dich?

Dabei fängt alles scheinbar ganz positiv an: Du findest einen Job, oder eine andere Aufgabe, vielleicht auch eine Person, der du dich widmest. Das macht dir wirklich großen Spaß. Du engagierst dich, identifizierst dich damit, gibst alles und das über einen sehr langen Zeitraum. Dann ignorierst du die ersten Warnsignale deines Körpers, gönnst dir keine Pause. Fehlschläge ignorierst du. Du übersiehst auch, dass deine Aufgabe dir mittlerweile gar nicht mehr so großen Spaß macht, sie ist eher zur Belastung geworden.

Ich kenne Frauen die das in ihrem Beruf erleben, im Engagement für den Tierschutz, aber auch bei der Pflege von nahen Angehörigen. Oder sogar im Zusammenleben mit einem Menschen, den man seit Jahren nur noch erträgt.

Das Anhaften, nicht loslassen können, nicht hinsehen wollen erfordert in diesen Fällen viel Kraft und führt vielleicht sogar noch schneller in den Burn-out.

Häufig liegt der Schlüssel für extreme Verhaltensweisen, die zu einem Erschöpfungszustand geführt haben, in der Kindheit. Vielleicht musst du tief in deine Erinnerungen eintauchen, um die Zusammenhänge zu finden.

Hattest du schon sehr früh das Gefühl, nie genug zu sein oder immer weniger zu bekommen als andere Kinder? Wann hast du eine Belohnung bekommen und für was?

Versuche das Syndrom als „guten Freund" zu sehen, der dir helfen will, jeden Aspekt deines Wesens zu erkennen und zu begreifen. Die Aussöhnung damit, gibt dir die Möglichkeit zur Ruhe zu kommen.

Mach dir Notizen:
Welches sind meine Stärken und Schwächen?
Wie steht es um meine Selbstachtung?
In welchen Bereichen war oder bin ich extrem?
Wann habe ich begonnen mich aufzugeben und warum?

_____

_____

_____

_____

_____

_____

_____

_____

_____

_____

_____

_____

_____

_____

_____

_____

_____

_____

Mobbing durch die Brille der Aussöhnung betrachten

Mobbing bedeutet, dass eine Person am Arbeitsplatz oder in der Schule fortgesetzt schikaniert wird. Jemanden ständig kritisieren, ihn lächerlich machen oder beschimpfen fällt genauso unter Mobbing, wie ihn nicht beachten, ihm Informationen vorenthalten oder sogar körperliche Gewalt.
Meist grenzt eine Gruppe einen Einzelnen aus. Am Arbeitsplatz kann das von einem Vorgesetzten ausgehen, aber auch von Kollegen. Sogar in der Partnerschaft kann es zu Mobbing kommen, dann nämlich, wenn ein Partner fortgesetzt den anderen herabsetzt, ihn vor Freunden demütigt und geringschätzig über ihn spricht.

Mobbingopfer sind meist unsicher und haben die Neigung Konflikte zu vermeiden. Sie ziehen sich eher zurück und leiden still. Das macht es den Mobbern noch leichter, ihre Opfer zu schikanieren.

Zu einer Zeit als noch niemand das Wort kannte, wurde ich selbst in der Schule mehr als zwei Jahre von einer Gruppe von einer Mädchengruppe gemobbt. Sie warteten in der Pause auf mich, tuschelten und lachten mich vor allem wegen meiner ungewöhnlichen Nase aus. Das ging so weit, dass ich irgendwann nur noch mit Bauchschmerzen in die Schule ging und der Unterricht mir keine Freude mehr machte.

Erst als Erwachsene wurde mir klar, wie wenig sich meine Familie mit ihrer Umwelt auseinander gesetzt hatte. Es gab Konflikte mit anderen, aber die wurden nicht offen ausgetragen. Man redete innerhalb der Familie zwar über Schwierigkeiten, aber ich habe niemals erlebt, dass sich ein gelöster Konflikt zum Guten wendete. Ich kannte so etwas wie: *„Am Ende wird alles gut"* nicht. Das ließ mich sehr unsicher werden und lange Jahre fehlte mir das Vertrauen in mich, genauso wie das Vertrauen in andere.

Das brachte ich natürlich damals nicht in Verbindung. Aber so kam ein fataler Teufelskreis in Gang, denn weil ich mich schwach fühlte, gewannen die Mobber die Oberhand.

Durch diese Erkenntnis wurde mir klar, wie dringend ich mich mit meiner Unsicherheit, meiner Hilflosigkeit und mit meiner Vertrauenslosigkeit aussöhnen musste.

Wer gemobbt wird, verliert nicht nur Lebenslust, sondern kann auch ernsthaft krank werden.

Das Fatale am Mobbing sind die Selbstzweifel, die sich bei den Opfern einstellen - sie wissen mit der Zeit selbst nicht mehr, ob die andern nicht vielleicht doch recht haben, sie vielleicht wirklich unfähig, hässlich, nicht liebenswert sind.

Natürlich braucht ein Mobbing Opfer sofort Hilfe. Zusätzlich zur Hilfe von außen oder zu einem späteren Zeitpunkt, macht es sehr viel Sinn in die Kindheit zu schauen. Möglicherweise lassen schon die Fragen nach dem vertrauten Umfeld die ersten Ansätze für die heutige Situation erkennen und du kannst die Vorkommnisse anders einschätzen.

Durch die Aussöhnung mit deinen Schwächen steigt dein Selbstbewusstsein und das kann auch bewirken das du dir nun zutraust in eine offene sachliche Konfrontation zu gehen. Es ist immer eine Chance die Ereignisse aus eine ungewohnten Perspektive zu betrachten.

<u>Mach dir Notizen:</u>
Hattest du schon früher das Gefühl nicht verstanden zu werden?
Wie wurde zu Hause mit Konflikten umgegangen?
Kennst du in deiner Kindheit eine ähnliche Opfer/Tätersituation?

Aufgepasst: Der Verstand will sich nicht aussöhnen

Der Verstand redet uns zu gerne ein, dass wir das Glück in der Außenwelt finden werden. Vielleicht wenn wir viel Geld verdienen, uns ins Vergnügen stürzen oder dass unser Leben vollkommen wäre, wenn wir nur die richtige Beziehung finden würden. Er glaubt auch daran, dass das einzig Vernünftige, was wir tun können, wenn etwas schief läuft, irgendjemanden oder irgendetwas zu finden, dem wir die Schuld daran geben können.

Es ist nützlich, dir vorzustellen, dass dein Verstand ein eigenes Glaubenssystem hat. Aber wir haben die Macht uns zu entscheiden, ob wir seinen Glauben übernehmen oder die Welt auf andere Weise wahrnehmen wollen. Je ausgeprägter unsere Fähigkeit ist, den ängstlichen Verstand zu erkennen, desto freier werden wir, uns für neue freudigere Lebenserfahrungen zu entscheiden.

Das Denkmuster des Verstandes basiert auf Angst, Schuldgefühlen und Schuldzuweisungen.

Würden wir immer seinen Anweisungen folgen, befänden wir uns ständig in einem Zustand des Konfliktes, und alles Glück, das wir haben könnten, würde uns völlig entgehen. Wenn wir wissen, dass der Verstand auf diese Weise funktioniert, sollte es auch nicht weiter überraschen, dass er nicht an Aussöhnung interessiert ist. Er wird sogar alles in seiner Macht stehende tun, um dich davon zu überzeugen, dass Aussöhnung die völlig falsche Karte ist, auf die du setzen kannst.

Der Verstand geht sogar noch einen Schritt weiter und behauptet, dass auch wir selbst keine Aussöhnung verdient haben.

Er klammert sich verzweifelt an die Überzeugung, dass Menschen Dinge tun, die unverzeihlich sind. Dass wir ja dumm, verwirrt oder einfach verrückt sein müssen, wenn wir Aussöhnung als Lösung ansehen.

Natürlich ist der Verstand sehr schlau und weiß, wo er geeignete Zeugen findet, die seine Ansichten unterstützen. Und du kannst getrost davon ausgehen, dass er genau weiß, wo er die Leute findet, die total konform mit ihm gehen.

Der Verstand ist voller Widersprüche.

Er muss uns beispielsweise die Tatsache verheimlichen, dass wir uns selbst schaden, wenn wir uns am Alten festklammern. Und er verfügt über ein gewaltiges Arsenal an Angst, Entmutigung und Zweifel.

Deswegen ist es hilfreicher, wenn dir jemand in diesem Prozess zur Seite steht. Eine Person, die dir Mut macht, dich auffangen kann und mit dir die Steine aus dem Weg räumt, die der Aussöhnung noch im Wege stehen.

Probleme sind was?

Wenn wir von einem Problem sprechen, dann meinen wir meistens damit, dass etwas nicht so ist wie wir es uns wünschen. Wir sehen keine Lösung, wissen nicht, was wir tun oder wie wir uns entscheiden sollen.

Ich habe in diesem Buch viele Probleme angesprochen und ich hoffe sehr, es hat nicht dazu geführt, dass du das Buch in die Ecke geworfen hast. Denn ein Problem ist für uns meist etwas Negatives. Schon allein, wenn wir das Wort Problem in den Mund nehmen, fühlen wir eine Last auf unseren Schultern. Dieses Gefühl wollte ich bei dir nicht verstärken, ganz im Gegenteil.

Deshalb schlage ich vor, ab heute das Wort Problem aus unserem Wortschatz zu verbannen.

Besser sind Begriffe wie
* Aufgabe,
* Herausforderung,
* Chance,
* Rätsel,
* oder dazu lernen.

Denn was für die einen ein Problem ist, an dem sie fast zerbrechen, kann für andere ein Sprungbrett sein. Einfach deshalb, weil sich jemand für Wachstum entschieden hat.

Jede schwierige Situation kann entweder als Bestandteil des Lebens oder als etwas Schlimmes, Unüberwindliches betrachtet werden.

Ist das ein Satz der dich herausfordert?
Ich wollte dir mit diesem Buch zeigen, das du schwierige Umstände auch als Wegweiser sehen kannst, die dir zeigen dass du auf einer Reise bist. Und während dieser Reise hast du mehr selbst in der Hand, als du vielleicht vorher geglaubt hast.

Es muss keine Reise des kleinen, armen Opfers sein, es darf eine Heldenreise sein.

Hier ein paar Gedanken, die dir vielleicht helfen die Aussöhnung anzugehen:

- Probleme sind Lehrer. Sie helfen mir, zu lernen und zu wachsen. Ohne sie würde ich nichts erreichen. Mit ihnen gehe ich vorwärts auf mein Ziel zu.
- Meine Kraft, meine Entschlossenheit und meine Liebe zu mir selbst sind immer größer als jedes Problem, das sich mir in den Weg stellt.
- Ich weiß, dass eine Lösung durch Aussöhnung besonders zu meinem persönlichen Wachstum beiträgt.
- Jedes Problem birgt in sich den Schlüssel zu seiner Lösung. Je besser ich ein Problem und seine Wurzeln verstehe, desto deutlicher kann ich die Lösung erkennen.

Wie alles gut weitergeht

Stell dir einen Moment vor, du wärst ausgesöhnt mit deinem Körper, völlig im Einklang mit deinen Schwächen und Stärken. Mit dem Leben, das hinter dir liegt und den Menschen, die dich bisher begleitet haben. Mit dem was du versäumt hast und mit dem was du in die Welt gesetzt hast.

Wie stark wärst du dir dann deines eigenen Wertes bewusst? Was wäre das für ein wunderbares Gefühl von Frieden und einverstanden sein.

Ich wünsche dir nur das Beste und wenn du eine Begleitung auf deiner Reise suchst, dann bin ich für dich da.

Nimm gerne Kontakt zu mir auf & besuche mich auf meiner Website:
www.ilona-steinert.de

Herzlichst, deine Ilona

Wenn du mehr von mir wissen möchtest

Alles was ich in diesem und meinen anderen Büchern schreibe, jeder Hinweis, den ich gebe, jede Unachtsamkeit, die ich anprangere, jede Wunde, in die ich meine Finger lege, gilt auch immer für mich selbst. Ich bin noch lange nicht „fertig", sondern dankbar dafür, dass es der Weg ist, der das Leben so spannend macht.

1990 geriet ich in eine schwere persönliche Krise. Erst viel zu spät und noch zu oberflächlich brachte ich Verständnis für meine eigenen Fehler und damit die Fehler anderer auf. So musste sich später etwas Ähnliches, wenn auch in abgeschwächter Form, noch einmal ereignen. Dann erst konnte ich die Aussöhnung entwickeln, die für den Weg aus meiner inneren Verkrampfung nötig war. Die Ereignisse und ihr späteres Ergebnis berührten mich derart, dass ich meine therapeutische Arbeit besonders dem Thema Aussöhnung gewidmet habe.

Wenn dich interessiert welche Hinweise ich noch für einen sanften Weg der Selbstentwicklung gebe, dann empfehle ich dir von Herzen meine beiden Bücher:

Paperback € 19,80
ISBN:978-3-7482-9465-8

Paperback € 12,80
ISBN: 978-3-7497-1326-4
Hardcover € 19,80
ISBN: 978-3-7497-1327-1

Mehr Platz für deine Notizen

Ich hoffe sehr, dass es für dich nützlich war, dass du dir in diesem Buch Notizen machen und spontane Einsichten aufschreiben konntest. Hier hast du noch die Möglichkeit, eine Liste jener Menschen oder Eigenschaften zu beginnen, mit denen du dich möglicherweise aussöhnen könntest. Danach kannst du auf dieser Liste auch diejenigen aufführen, mit denen du dich auf keinen Fall aussöhnen möchtest.

Die folgende Auszählung wird es dir etwas leichter machen, dir zu überlegen, wer auf diese Liste gehört:

- Eltern, Stiefeltern, Familienmitglieder und Verwandte
- Ehepartner, geschiedene Partner oder frühere Beziehungen
- Autoritäten wie Lehrer, Ärzte, Sozialarbeiter oder Ähnliche
- Dein Körper
- Gedanken, Gefühle oder Verhaltensweisen
- Schicksal, Krankheiten oder das Leben überhaupt
- Unfälle, Kriminalität

Es ist ganz natürlich, dass alte Gedanken oder Fragen auftauchen, wenn du dich hinsetzt und Menschen und Situationen aufschreibst, mit denen du dich aussöhnen könntest.

Ich habe dieses Buch in der Hoffnung geschrieben, dass es dir hilft dich näher mit dem Wesen der Aussöhnung zu beschäftigen. Schließlich geht es um die Vor – und Nachteile, die das Aussöhnen mit sich bringt.

Wie du schon bald entdecken wirst, wird dir diese Liste helfen, dich auf deine Freiheit der Wahl zu konzentrieren.